Börsenpsychologie – Anlegertypologie

Widmung

Vielen Dank für die hervorragende Zusammenarbeit und der aktiven Unterstützung durch das gesamte K.O.M.-Team

Winfried Neun

Börsenpsychologie – Anlegertypologie

Impressum

1. Auflage (2017)

Autor: Winfried Neun
Printed in Germany

Verlag: tao.de in J. Kamphausen Mediengruppe GmbH, Bielefeld,
www.tao.de, eMail: info@tao.de

Bibliografische Information der Deutschen Nationalbibliothek:
Die Deutsche Nationalbibliothek verzeichnet diese Publikation in der Deutschen Nationalbibliografie; detaillierte bibliografische Daten sind im Internet über http://dnb.d-nb.de abrufbar.

ISBN Paperback: 978-3-96051-936-2
ISBN e-Book: 978-3-96051-937-9

Inhalt

1.	Einführung und Entstehung der Typologie	07
2.	Typologien allgemein	09
2.1	Verwendete Grundlagen für die Typologie der Studie	09
2.1.1	Vier Persönlichkeitstypen	10
2.1.2	Informationsverarbeitung und Reaktionsmechanismen	12
2.2	Erster Bezug der Theorien zum Börsenverhalten der Teilnehmer	14
2.2.1	Das Börsenverhalten der vier Persönlichkeitstypen	14
2.2.2	Informationsverarbeitung und Reaktionsmechanismen bei Anlegern	16
2.2.3	Zusammenhänge zwischen den beiden Systemen hinsichtlich des Anlegerverhaltens	17
2.2.4	Zwischenfazit	18
3.	Typologien beschreiben das Anlegerverhalten	19
3.1.	Der Intuitive / Euphorische A +	19
3.2.	Der Zurückhaltende / Nüchterne, der Beobachter A(+)	21
3.3.	Der Ängstliche / Überkritische A-	23
3.4.	Der coole Pragmatiker A(-)	25
3.5.	Die optimale Balance	27
4.	Ausblick	28

Über den Autor

Winfried Neun

Winfried Neun ist Verhaltensökonom und einer der bekanntesten und profiliertesten Innovationsberater Deutschlands. Als Gründer und Geschäftsführer der K.O.M.® Kommunikations- und Managementberatung verfügt Winfried Neun über die Erfahrungen aus mehr als 25 Jahren selbstständiger Beratungstätigkeit.

Er ist als Referent auf Kongressen und Symposien gefragt, als Fachautor in namhaften Printmedien sowie im Fernsehen präsent und als Beirat in diversen mittelständischen Unternehmen aktiv. Als internationaler Coach und Berater wird er von Politik, Wirtschaft und Verbänden gerne als Ratgeber für die professionelle Gestaltung von Veränderungen in Anspruch genommen.

Kontakt: Winfried Neun

K.O.M.® Kommunikations- und Managementberatungs GmbH

Web: www.kom-neun.de

E-Mail: info@kom-neun.de

Telefon: +49 (0)7533-9359-00

1. Einführung und Entstehung der Typologie

Die K.O.M. GmbH hat eine bundesweit angelegte Untersuchung mit Personen, die an der Börse anlegen durchgeführt. Das Ziel war eine Bestandsaufnahme der aktuellen Stimmungslage und des Stimmungsmanagements an der Börse sowie die Bestimmung von Anlegertypen und Reaktionsmechanismen, um entsprechende Handlungsempfehlungen für Anlagenberater ableiten zu können.

Der Teilnehmerkreis war dabei überwiegend männlich und hinsichtlich des Alters breit gemischt, im Durchschnitt zwischen 30 und 40 Jahren alt. Dies entspricht weitestgehend den Demographiestatistiken von Infratest (im Auftrag des deutschen Aktieninstituts), auch wenn hier der Frauenanteil deutlich höher ist. Während bei den Männern alle Altersklassen bis auf die unter 20jährigen etwa gleich stark repräsentiert sind, ist gerade bei den Frauen der Anteil der über 50jährigen sehr hoch. Jüngere Frauen sind zumindest in der vorliegenden Stichprobe deutlich weniger an der Börse aktiv.

Der überwiegende Teil der Befragten, Männer wie auch Frauen gleichermaßen, weist eine eher hohe Börsenerfahrung (>5 Jahre) auf. Unter den Wertpapierarten dominieren die Einzelaktien, gefolgt von Fonds und Hebelprodukten. Auch hier lassen sich größtenteils keine Geschlechterunterschiede feststellen, bis auf die Anlagezertifikate, welche überproportional häufig von Frauen gehandelt werden. Die vermeintlich weniger risikobehafteten Anlageformen (Staatsanleihen, Unternehmensanleihen, Fonds) werden insbesondere von Anlegern mit geringerer Börsenerfahrung bevorzugt. Circa 3/4 der Befragten waren zum Zeitpunkt der Befragung im Besitz von bis zu 20 Wertpapiereinheiten. Diese werden in relativ hohen Raten ge- und verkauft (> 50 Einheiten pro Jahr).

An der Befragung nahmen mit einem relativen Anteil von 83% überwiegend Männer teil. Frauen sind im Vergleich zur Grundgesamtheit hingegen in dieser Stichprobe unterrepräsentiert (vgl. DAI Factbook, Stand 05. April 2013). Die Teilnehmer weisen unabhängig vom Geschlecht größtenteils eine mehrjährige Börsenerfahrung auf und nehmen aktiv am Börsengeschehen teil. Deutliche Geschlechtsunterschiede lassen sich lediglich hinsichtlich des Alters feststellen. Die Ergebnisse deuten darauf hin, dass jüngere Frauen an der Börse scheinbar deutlich unterrepräsentiert sind und sich hier erst mit zunehmendem Alter aktiv engagieren. Auch in der Wahl der Wertpapierarten weisen Frauen und Männer ein ähnliches Verhalten auf. Abweichungen zeigen sich lediglich bei Anlagezertifikaten, welche trotz des etwas höheren Risikos eher von Frauen bevorzugt werden. Staatsanleihen, Unternehmensanleihen und Fonds fungieren scheinbar als „Einstiegs-“ Wertpapiere, sie werden insbesondere von Anlegern mit geringerer Börsenerfahrung bevorzugt.

Vor diesem Hintergrund entstand eine Anlegertypologie, die wir Ihnen im Folgenden vorstellen möchten.

Der Einfachheit halber möchte ich darauf hinweisen, dass alle maskulinen Formen auch als weibliche Form zu verstehen sind. Ich danke für Ihr Verständnis.

2. Typologien allgemein

2.1 Verwendete Grundlagen für die Typologie der Studie

Für die Erstellung der Typologie kommen zwei psychologische Modelle zum Einsatz: Zum einen ein Modell, das vier Persönlichkeitstypen charakterisiert und zum anderen ein Modell, das Reaktionsmechanismen und Informationsverarbeitung von Menschen erklärt. Diese sollen hier zunächst kurz theoretisch angerissen werden.
In der Elektroindustrie liegen große Wachstumschancen alleine schon im Produktportfolio begründet. Die hergestellten Hardwarekomponenten wie Prozessoren oder Sensoren werden in großer Menge für vielerlei „smarte" Maschinen, Anlagen, Fahrzeuge und Haushaltsgeräte benötigt. Es wird sich noch zeigen, inwiefern das Internet der Dinge hier einen weiteren Wachstumsschub auslöst.
Für den Maschinen- und Anlagenbau stellt die Entwicklung zur Industrie 4.0 einen wichtigen Digitalisierungstreiber und großes Wachstumspotenzial dar. Noch ist nicht klar, mit welcher Geschwindigkeit sich Neuentwicklungen flächendeckend durchsetzen werden, insbesondere angesichts der langlebigen, sequenziellen Produktlebenszyklen und der hohen Anforderungen an (Daten-)Sicherheit in diesem Bereich. Zweifellos werden jedoch die Flexibilitäts- und Effizienzgewinne der modernen Technologien die Digitalisierung trotz dieser Hürden schrittweise weiter vorantreiben.
In der Energietechnik ermöglicht die Digitalisierung sowohl bei der Herstellung der Anlagen wie auch beim Netzbetrieb Optimierungs- und damit auch wirtschaftliche Potenziale. PWC fasst dies unter dem Schlagwort des „Smart Grid", also des intelligenten Stromnetzes, zusammen. Angesichts dieser Entwicklungen steht der Energiesektor möglicherweise unmittelbar vor einem Strukturwandel. Die weiteren Schritte hängen aufgrund der hohen staatlichen Regulierung dieser Branche stark von politischen Entscheidungen ab.

2.1.1 Vier Persönlichkeitstypen

Das erste Modell unterscheidet vier verschiedene Persönlichkeitstypen mit jeweils spezifischen Denkstilen und Verhaltenspräferenzen. Sie haben laut Theorie Einfluss darauf, wie eine Person mit bestimmten Situationen umgeht, Probleme löst, Entscheidungen trifft und diese umsetzt. Übertragen auf das tägliche Geschehen an der Börse lassen sich die vier Typen zunächst folgendermaßen charakterisieren:

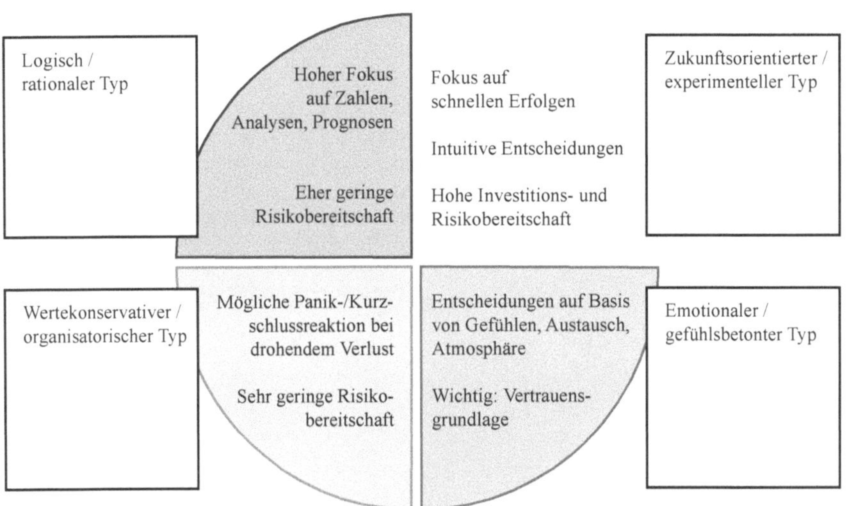

Die vier verschiedenen Persönlichkeitstypen, übertragen auf das tägliche Geschehen an der Börse. Quelle: K.O.M.-MET®, K.O.M. GmbH , 2002, basierend auf dem Ganzhirnmodell nach Ned Herrmann 1991

Logisch / rationaler Typ

- Trifft Entscheidungen auf der Basis von fundierten Daten und Analysen, mit welchen er sich im Detail auseinandersetzt.
- Hoher Fokus auf Zahlen und Fakten, hinterfragt neue Informationen kritisch und weiß meist genau, was die Unternehmen in seinem Anlageportfolio machen und wie die Branche sich in den nächsten Jahren weiterentwickeln wird.
- Indem er sich auf Zahlen, Fakten und festgelegte Ziele konzentriert und Entscheidungen erst nach einer sorgfältigen Analyse und Diagnose trifft, vermeidet er es, (vor)schnelle Entscheidungen zu fällen.

Wertekonservativer / organisatorischer Typ

- Sehr geplantes, strukturiertes Vorgehen unter Berücksichtigung möglichst aller Details.
- Fokus darauf, einen „stabilen Kurs“ einzuhalten und sich langfristig abzusichern.
- Wählt vor allem Investitionen oder Anlagestrategien, mit denen bereits umfassende Erfahrungen vorliegen und welche möglichst eine hohe Sicherheit und Garantie bieten.
- Krisennachrichten oder unvorhersehbare Entwicklungen lösen Unwohlsein und Verunsicherung aus, da die Situation hierdurch schwerer einzuschätzen und zu kontrollieren ist.

Zukunftsorientierter / experimenteller Typ

- Risikofreudig, schreckt nicht vor spekulativen Geschäften zurück.
- Spielerisches, experimentierfreudiges und intuitives Vorgehen, geprägt von hoher Flexibilität und Veränderungsbereitschaft.
- Freiräume sind dabei sehr wichtig, es widerstrebt ihm, sich an starre Regeln zu halten.
- Schwierige oder bedrohliche Situationen nimmt er als Herausforderungen an und es bereitet ihm große Freude, Lösungen für diese Situationen zu finden.
- Bereitschaft, die Anlagestrategie auch gegebenenfalls recht kurzfristig anzupassen, um mögliche Gewinne zu realisieren.

Emotionaler / gefühlsbetonter Typ

- Vertrauen und Gemeinschaft sind wichtige Grundvoraussetzungen, um an der Börse zu agieren. Entscheidungen trifft er gemeinsam durch den Austausch und die Diskussion mit Dritten, wie beispielsweise Anlageberatern, Freunden oder Kollegen.
- Zudem hört er dabei auch auf das Bauchgefühl; wohingegen exakt definierte Strategien, Ziele oder Beträge eher zweitrangig scheinen.
- Emotionale Reaktion auf kritische oder sehr positive Entwicklungen an der Börse.

2.1.2 Informationsverarbeitung und Reaktionsmechanismen

Erkenntnisse der Psychologie und Neurowissenschaften belegen vielfach die Zusammenhänge zwischen psychologischen Phänomenen (z.B. Emotionen) und der Funktionsweise des Gehirns. So übt auch die Stimmung (Affektlage), in der eine Person sich in einer bestimmten Situation befindet, einen signifikanten Einfluss auf die Art & Weise der Verarbeitung von Informationen und damit einhergehende Reaktionsmechanismen (Denk- und Entscheidungsprozesse, Handlungssteuerung) aus. Hierbei werden 4 zentrale Gehirnsysteme der Handlungssteuerung unterschieden, welche wiederum von ganz bestimmten Affekten aktiviert werden.

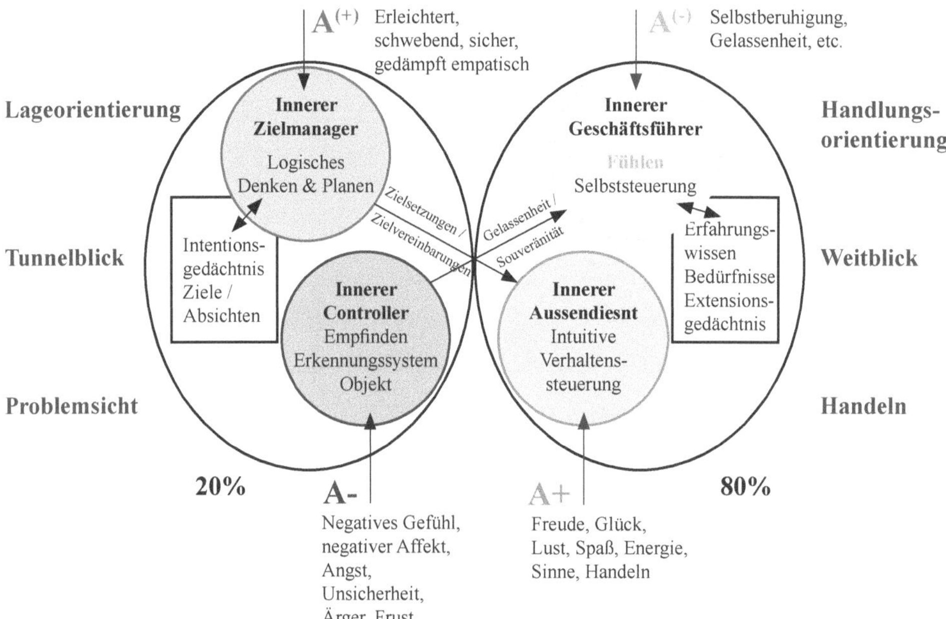

Abbildung 2: PSI-Theorie – „Vier Systeme", Quelle: K.O.M.-Motivator®, K.O.M. GmbH, 2009, basierend auf der PSI Theorie nach Kuhl 2001

Das Intentionsgedächtnis A(+) ist zuständig für die Repräsentation und Aufrechterhaltung von Absichten. Es wird unterstützt durch Schritt für Schritt arbeitende analytische Prozesse (wie Denken und Planen). Das Intentionsgedächtnis wird aktiviert, wenn man mit Hindernissen, Schwierigkeiten oder Problemen konfrontiert wird.
Das Intuitive Verhaltenssteuerungssystem A+ ist zuständig für die Ausführung automatisierter Handlungsabläufe und vorprogrammierter Verhaltensroutinen. Damit ist es weitgehend unabhängig von der bewussten Planung. Das heißt es operiert unbewusst und ist ein elementares System in der Theorie, da es sich in der Kindheit viel früher entwickelt als die komplexeren „intelligenten" Systeme.

Das Extensionsgedächtnis A(-) ist ein ganzheitliches Erfahrungssystem, welches den Überblick über alle Lebenserfahrungen liefert, die in der momentanen Situation relevant sein können („auf alles Mögliche gefasst sein"). Es basiert auf einem ausgedehnten Netzwerk von Handlungsoptionen, eigenen Gefühlen und selbst erlebten Episoden. Durch seine parallele und ganzheitliche Verarbeitungsform wird die Berücksichtigung und Integration vieler Einzelaspekte ermöglicht. Aktiviert werden kann es durch echte, persönliche Begegnungen, die geprägt sind durch ein umfassendes gegenseitiges Vertrauen.

Das Objekterkennungssystem A- ist für das bewusste Registrieren einzelner Sinneseindrücke zuständig. Es rücken isolierte Aspekte in den Vordergrund – die Aufmerksamkeit richtet sich besonders auf Neuartiges, Unerwartetes oder auf Fehler. Das Herauslösen eines Objektes aus dem Gesamtzusammenhang ist besonders bedeutsam, wenn man gefährliche Dinge bemerken und auch später wieder erkennen will, vorherrschend in ängstlichen Stimmungen. Damit ist es ein wichtiger „Lieferant" von Informationen für das Extensionsgedächtnis.

2.2 Erster Bezug der Theorien zum Börsenverhalten der Teilnehmer

2.2.1 Das Börsenverhalten der vier Persönlichkeitstypen

In der Stichprobe sind der logisch-rationale (35%) sowie der zukunftsorientierte / experimentelle Persönlichkeitstyp (26%) am häufigsten vertreten, wohingegen der wertkonservative / organisatorische und der emotionale / gefühlsbetonte Typ im Vergleich dazu deutlich weniger häufig auftreten. Bei rund 1/5 der Teilnehmer handelt es sich um Mischtypen, welche von zwei Persönlichkeitstypen gleichermaßen bestimmt werden. Hier dominieren vor allem der blau-gelbe (logische und zukunftsorientierte) sowie der blau-grüne (logische und wertkonservativ/organisierte) Mischtyp.

Zusammenhänge mit Börsenerfahrung

Während sich bei den rechtshirnig geprägten Persönlichkeitstypen (zukunftsorientiert / experimentell und emotional / gefühlsbetont) keine signifikanten Zusammenhänge zur Börsenerfahrung erkennen lassen, zeigen sich bei dem wertekonservativen / organisatorischen Typ sowie dem logisch-wertekonservativen Mischtyp (blau-grün) deutliche negative Korrelationen. Diese haben scheinbar oft eine eher geringere Verweildauer an der Börse.

Zusammenhänge mit Börsenaktivität

Ein ähnliches Bild zeigt sich hinsichtlich der Börsenaktivität. So tätigt der der wertekonservative / organisatorische Typ eher weniger Käufe und Verkäufe im Jahr, wohingegen sowohl der zukunftsorientierte / experimentelle wie auch der emotional / gefühlsbetonte Typ in dieser Hinsicht deutlich aktiver an der Börse agieren.

Zusammenhänge mit Wertpapierarten

Hinsichtlich der Art des Investments zeigen sich insbesondere im High-Risk-Investment deutliche Unterschiede zwischen den verschiedenen Persönlichkeitstypen. So scheinen vor allem der zukunftsorientierte / experimentelle sowie der emotionale / gefühlsbetonte Typ vorwiegend in die vergleichsweise riskante Wertpapierart der Hebelprodukte zu investieren, wohingegen der logische / rationale sowie der wertekonservative / organisatorische Typ diese Investmentform eher meidet. Hinsichtlich der Anzahl der Wertpapiere im Portfolio zeigen sich hingegen keine signifikanten Unterschiede.

Insgesamt betrachtet scheinen sich vor allem logisch-rational geprägte sowie zukunftsorientierte / experimentelle Persönlichkeitstypen an der Börse zu engagieren, wohingegen wertekonservative und emotionale Persönlichkeitstypen vergleichsweise seltener auftreten. Dabei scheint sich eine eher rechtshirnige Prägung „aktivierend" auf das Verhalten an der Börse auszuwirken. Diese Personen tätigen eine höhere Anzahl an Käufen / Verkäufen pro Jahr und zeigen darüber hinaus eine weitaus stärkere Bereitschaft, in eher riskante Wertpapierarten zu investieren. Demgegenüber agieren linkshirnig dominierte Personen (insbesondere vom wertekonservativ / organisierten Typ) auch bei einer ähnlichen Portfoliogröße eher „gebremst" (geringere Aktivität, eher risikovermeidend) und scheinen – zumindest im Fall des wertekonservativ / organisierten Typen – frühzeitiger aus dem Börsengeschäft wieder auszusteigen.

2.2.2 Informationsverarbeitung und Reaktionsmechanismen bei Anlegern

Insgesamt zeigt sich in den übergreifenden Mittelwerten eine eher ausgewogene Aktivierung der vier Hirnsysteme, wobei das Selbst und das System des logischen Denkens vergleichsweise etwas stärker ausgeprägt sind. Auch das Objekterkennungssystem weist in diesem Vergleich einen relativ hohen Wert auf, was darauf hin deutet, dass das „innere Alarmsystem“ durch das tägliche Börsengeschehen immer wieder aktiviert wird. Das intuitive Verhaltenssystem hingegen erscheint in Relation zu den anderen Systemen leicht gedämpft, scheinbar wird intuitives, impulshaftes Verhalten („aus dem Bauch heraus“) an der Börse von den meisten Anlegern eher unterdrückt.

Zusammenhänge mit Börsenerfahrung

Hier zeigt sich ein negativer Zusammenhang zwischen der Börsenerfahrung und der Aktivierung des Objekterkennungssystems: Scheinbar wird das OES mit zunehmender Erfahrung weniger häufig bzw. weniger intensiv aktiviert.

Zusammenhänge mit Wertpapierarten und –anzahl

Während sich hinsichtlich der Anzahl der Wertpapiere keine Unterschiede zeigen, scheint es jedoch einen Zusammenhang zur Art des Investments zu geben.
So ist bei Personen, welche bevorzugt mit Hebelprodukten und damit einer eher riskanten Anlageform spekulieren, die intuitive Verhaltenssteuerung signifikant erhöht.

Zusammenhänge mit Börsenaktivität

Ein ähnlicher Zusammenhang zeigt sich bei der Intensität der Börsenaktivitäten. Auch hier scheinen Personen, welche eine höhere Aktivierung der intuitiven Verhaltenssteuerung aufweisen, zu einer höheren Frequenz an Käufen und Verkäufen zu neigen.

2.2.3 Zusammenhänge zwischen den beiden Systemen hinsichtlich des Anlegerverhaltens

Die starken Ausprägungen in der intuitiven Verhaltenssteuerung weisen bei dem emotionalen / gefühlsbetonten (rot) wie auch dem zukunftsorientierten / experimentellen Typ (gelb) auf eine leichte Handlungsbahnung hinsichtlich ihrer Börsenaktivitäten hin. Sie handeln häufig eher aus dem Unbewussten heraus und anhand routinierter Verhaltensprogramme. Der zukunftsorientierte Typ (gelb) kann sich darüber hinaus auch bei gefühlt eher kritischen Entwicklungen an der Börse schnell selbst beruhigen und dann wieder aus dem Überblick heraus handeln. Die häufige Aktivierung des „inneren Alarmsystems" (OES) beim emotionalen Typ (rot) weist hingegen darauf hin, dass er bei Veränderungen an der Börse schnell beunruhigt reagiert.

Die starken Ausprägungen des Systems für das logische Denken und Planen und des Objekterkennungssystems weisen bei dem logisch / rationalen (blau) wie auch dem werte-konservativen / organisatorischen Typ (grün) auf eine sehr analytische Vorgehensweise hin. Beide fokussieren bei den Entwicklungen an der Börse stark und sehr detailliert auf die damit einhergehenden neuen Informationen und passen ihre Pläne und Absichten kontinuierlich den neuen Gegebenheiten an. Durch diese Fokussierung auf Fakten und Pläne gelingt es ihnen scheinbar relativ gut, sich auch in kritischen Situationen nach anfänglicher Verunsicherung selbst zu beruhigen. Dennoch tendieren beide Persönlichkeitstypen zu einem Verharren in Plänen und Absichten. Die Handlungsbahnung scheint dabei eher gehemmt bzw. erschwert.

2.2.4. Zwischenfazit

Übergreifend betrachtet zeigen Männer und Frauen sowie Personen verschiedener Altersklassen in bestimmten Situationen relativ ähnliche Denk- und Verhaltensmuster. Individuelle Unterschiede sind vielmehr auf die Börsenerfahrung und die Persönlichkeit zurückzuführen. Für die mit zunehmender Börsenerfahrung abnehmende Aktivierung des Objekterkennungssystems bieten sich zweierlei Erklärungsmodelle an.

(1) Möglicherweise reagieren Anleger mit zunehmender Erfahrung weniger sensibel auf neue Informationen oder Entwicklungen, so dass das Objekterkennungssystem in solchen Fällen dann nur noch geringfügig aktiviert wird.

(2) Eventuell lässt sich dieser Zusammenhang auch darauf zurückführen, dass Personen, welche von Anfang an vor allem die Gefahren an der Börse wahrnehmen, das Anlagegeschäft auch eher wieder aufgeben.

Hinsichtlich der persönlichkeitsbedingt unterschiedlichen Reaktionsmuster zeigt sich, dass der emotionale / gefühlsbetonte Typ (rot) und der zukunftsorientierte / experimentelle Typ (gelb) über eine leichte Handlungsbahnung und hohe Handlungsorientierung an der Börse verfügen. Scheinbar dominieren bei diesen beiden Typen eher gelassene bzw. stark positive Stimmungen, was sie wiederum auf neuropsychologischer Ebene eher in die Bereitschaft versetzt, ihren Erfahrungen zu vertrauen und damit einer intuitiven Handlungsweise zu folgen.
Der logische / rationale (blau) und der wertekonservative / organisatorische Typ (grün) hingegen ist scheinbar auf fundierte Analysen und Detailinformationen angewiesen. Hinsichtlich der Affektlage tendieren sie überwiegend zu einer nüchternen und sachlichen Stimmung. Dies ermöglicht es ihnen einerseits auch in gefühlt kritischen Situationen nicht „den Kopf zu verlieren“ und sich nach einer Phase der Verunsicherung wieder auf vermeintlich nüchterne Weise dem Problem zu widmen. Andererseits tendieren sie damit leicht zu einer Lageorientierung (hoher Problemfokus, Detailorientierung), welche ein schnelles und lösungsorientiertes Reagieren eher erschwert.

3. Typologien beschreiben das Anlegerverhalten

Die vier Typen orientieren sich an den bereits in Kapitel 2.1.2 beschriebenen Systemen zur Handlungsbahnung und bieten damit eine Ergänzung zu der Einteilung in die vier Persönlichkeitstypen. Eine allgemeine Beschreibung, das Verhalten an der Börse, Stärken und Schwächen sowie Handlungsempfehlungen zu jedem Typen sollen Anlegern selbst aber auch Beratern helfen an der Börse erfolgreich zu werden.

3.1. Der Intuitive / Euphorische A +

Allgemeine Beschreibung

- Der intuitiv / euphorische Typ ist überwiegend positiv gestimmt im Leben, fühlt sich grundsätzlich gut und sicher.
- Sein bevorzugtes System ist die intuitive Verhaltenssteuerung, er handelt meist spontan und intuitiv, ohne viel zu planen oder darüber nachzudenken was er als nächstes erreichen oder tun möchte.
- Er zeigt oft ein sehr extravertiertes Auftreten, neue Ideen und Vorschläge setzt er mit Begeisterung sofort in die Tat um.

Verhalten an der Börse

- Es gelingt ihm gut, sich immer wieder selbst zu motivieren und eine positive Stimmung zu bewahren. Auf die Entwicklungen an der Börse reagiert er spontan und intuitiv, ohne sich mit längeren Überlegungen aufzuhalten.
- So ist er auch angesichts drohender negativer Entwicklungen an der Börse sehr zuversichtlich, die Situation in den Griff bekommen und leitet bei fallenden Kursen schnell Maßnahmen ein um darauf zu reagieren.
- Auf positive Entwicklungen reagiert er mit sehr positivem Affekt (ausgeprägte Freude) und damit einhergehend einer hohen Handlungsbereitschaft.

Stärken

- Durch seine hohe Achtsamkeit achtet er verstärkt auf alle Informationen die für den aktuellen Handlungskontext relevant sind, nimmt also auch an der Börse viele Informationen schnell auf.
- Dies ermöglicht eine rasche Anpassung an plötzliche Veränderungen, allerdings nur sofern diese mit fest etablierten Handlungsroutinen umgesetzt werden kann.
- Auch nach Misserfolgen kann er spontan weiter agieren.

Schwächen

- Hohe „Ansteckungsgefahr“: Der Intuitiv-Euphorische Typ lässt sich oft mitreißen und zu Entscheidungen und Handlungen verleiten, die er anschließend möglicherweise bereut.
- Schwierigkeiten weicht er lieber aus, Vorhaben, welche unangenehm oder schwierig in der Ausführung sind lässt er lieber sein.
- Ist schnell überfordert, wenn die Situation vorausschauendes Planen erfordert, da es ihm schwerfällt, den Verstand und das logische Denken dauerhaft zu aktivieren.

Empfehlung: Selbstbremsung

- Dieser Typ sollte lernen, bei Bedarf seine Euphorie zu dämpfen und in das System des analytischen Verstandes zu wechseln (z.B. indem er die eigenen Absichten bewusst macht und sehr präzise beschreibt). Dazu gehört auch, die damit einhergehenden sachlichen und nüchternen Stimmungslagen zu tolerieren.
- Indem er immer wieder Pausen einlegt und sich zunächst einen Plan macht bevor er seine Aktivitäten startet, kann er verhindern dass er sich zu schnell mitreißen lässt und vorschnell handelt und entscheidet.

3.2. Der Zurückhaltende / Nüchterne, der Beobachter A(+)

Allgemeine Beschreibung

- Dieser Typ ist überwiegend in einer gedämpft positiven Stimmungslage, eher nüchtern, tendiert dazu Freude und andere positive Affekte nicht so stark zuzulassen.
- Sein bevorzugtes System ist der logische Verstand, er legt viel Wert auf das Überdenken von Sachverhalten und eine sorgfältige Planung.
- Er bevorzugt klar gegliederte Tagesabläufe und feste Routinen, es fällt ihm schwer Dingen spontan zuzusagen ohne vorher gründlich darüber nachzudenken.
- Seine Meinung äußert er wohl überlegt, und nur wenn dies relevant für das weitere Vorgehen ist.
- Er wirkt in seinem Auftreten oft wie ein zurückhaltender Beobachter des Geschehens.

Verhalten an der Börse

- Bei Prognosen, unabhängig davon ob diese negativ oder positiv sind, verlässt er sich auf seine Logik und prüft die Informationen sorgfältig auf Relevanz, Schlüssigkeit und Plausibilität. Erst dann plant er sein weiteres Vorgehen entsprechend seinen gefassten Zielen.
- Auch angesichts drohender negativer Entwicklungen an der Börse bleibt er eher nüchtern und sachlich.
- Wenn die Kurse an der Börse steigen analysiert er seine damit einhergehenden Chancen und bestehenden Ziele, und nimmt sich gegebenenfalls weitere Ziele vor.
- Sein Fokus liegt generell darauf, die Situation zu analysieren und sich auf dieser Basis entsprechende Ziele zu setzen und Absichten zu formulieren.
- Spontane, schnelle Entscheidungen und Handlungen hingegen vermeidet er.

Stärken

- Der zurückhaltende / nüchterne Typ hat gelernt, den Alltag mit seinem Verstand zu bewältigen und kann bekannte Probleme – im Alltag wie auch an der Börse – mit fest etablierten Handlungsroutinen lösen.
- Er verfügt über eine sehr zielfokussierte Aufmerksamkeit, und achtet verstärkt auf alles, was zu seinen aktuellen Gedanken, Vorhaben und Absichten passt.
- Durch die starke Aktivierung seines Absichtsgedächtnisses kann er auch schwierige Vorsätze über längere Zeit verfolgen und vergisst nicht welche Schritte noch zu tun, welche Dinge noch zu erledigen sind.
- Seine Stärke liegt darin, sich in Ruhe in Sachverhalte zu vertiefen.

Schwächen

- Der zurückhaltend / nüchterne Typ tendiert dazu, über unerledigte Absichten oder unerreichbare Ideen nachzugrübeln, stellt ausführliche Recherchen an und denkt lange nach bevor er Entscheidungen trifft und handelt.
- Dadurch schiebt er oft die Ausführung seiner Absichten auf. Gerade wenn er sich zu viel vornimmt oder in Situationen wiederfindet, welche sehr dynamisch sind und wo Durcheinander herrscht, fällt es ihm schwer, alle relevanten Aspekte zu beachten. In solchen Fällen muss er sich zunächst zurückziehen, um wieder einen klaren Gedanken zu fassen, verliert dabei jedoch leicht seine Handlungsenergie.
- Schwierigkeiten der Umsetzung ergeben sich vor allem dann, wenn neue Problemlösungen erforderlich sind für die er noch nicht über entsprechende Routinen verfügt. Gerade in Situationen, in welchen spontanes Handeln erforderlich ist, ist er oft überfordert.
- Durch den „Tunnelblick des Verstandes" kommt er vor allem auf logische Lösungen, jedoch nicht auf der Basis seiner Lebenserfahrung. Dies wird vor allem dann zum Problem wenn nötige Informationen fehlen: Wenn ein Schritt in seiner logischen Gedankenkette fehlt, führt dies schnell zu gefühlter Hilflosigkeit und Misserfolg.
- Dem zurückhaltenden / nüchternen Typ fällt es aufgrund der starken Aktivierung des logischen Verstandes generell schwer, aus vielen einzelnen Erfahrungen ein Muster zusammenzustellen und Sinnhaftigkeit zu generieren.

Empfehlung: Selbstmotivierung

- Dieser Typ kann sich weiterentwickeln und seine Handlungsfähigkeit optimieren, indem er lernt, sich nicht nur auf seine eingeübten Handlungsroutinen zu verlassen sondern sein Spektrum an Handlungsmöglichkeiten immer wieder zu erweitern und damit auch in unvorhersehbaren Situationen handlungsfähig zu sein.
- Ein wichtiger Schritt dabei ist die Ergänzung der analytischen Intelligenz durch ein gewisses Vertrauen in die eigene Intuition. Dazu gehört, die eher unscharfen „Wahrscheinlichkeitsurteile", die durch die ganzheitliche, parallele Verarbeitung im Unbewussten (Selbst) entstehen, zu akzeptieren, und erst anschließend mit Hilfe der gewohnten analytischen Präzision die weiteren Schritte auszuführen und in konkrete Strategien zu überführen.
- Das beinhaltet das regelmäßige Üben, Wahrscheinlichkeitsaussagen zu treffen und nicht immer sofort sichere Erkenntnisse zu verlangen. Dazu gehört auch, mögliche Lösungen in Betracht zu ziehen, die nicht sofort widerlegbar oder beweisbar sind.
- Voraussetzung dieses gesamten Entwicklungsprozesses ist das Erlernen der Fähigkeit, seinen positiven Affekt zu steigern und damit sich selbst zu motivieren.

3.3. Der Ängstliche / Überkritische A -

Allgemeine Beschreibung

- Der ängstliche / überkritische Typ befindet sich überwiegend in einer besorgten Grundstimmung.
- Sein bevorzugtes System ist das Objekterkennungssystem, sodass stets eine erhöhte Aufmerksamkeit hinsichtlich möglicher Gefahrensignale, unerwarteter oder unstimmiger Signale herrscht.
- Damit einhergehen oft Eigenschaften wie Perfektionismus, Pflichtbewusstsein, Präzision und Zuverlässigkeit, jedoch auch eine hohe Tendenz zu kritisieren (sich selbst, andere, Entwicklungen).

Verhalten an der Börse

- Er fokussiert seine Aufmerksamkeit vor allem auf die Gefahrenquellen und es fällt ihm eher schwer, den Überblick und die größeren Zusammenhänge zu betrachten.
- Bei Prognosen, unabhängig davon ob diese negativ oder positiv sind, achtet er verstärkt auf Details, da sich seine Rahmenbedingungen verändern.
- Bedrohliche Entwicklungen an der Börse verunsichern ihn unter Umständen auch längerfristig. Wenn die Kurse an der Börse fallen, fokussiert er das Problem, seine Ursachen und die damit verbundenen Risiken.
- Auch wenn die Kurse an der Börse stagnieren, sieht er dadurch seine Ziele in Gefahr. Als Reaktion darauf informiert er sich meist umfassend und befasst sich ausgiebig mit der Problematik.
- Selbst wenn die Kurse steigen ist er sich trotzdem der Risiken an der Börse bewusst und wartet zunächst weiter ab.

Stärken

- Der ängstlich / überkritische Typ verfügt über eine ausgeprägte diskrepranz-sensitive Aufmerksamkeit und bemerkt dadurch alles was nicht passt, unerwartet, unerwünscht, oder gefährlich scheint.
- Er neigt nicht zum Beschönigen oder Übersehen von Einzelheiten, nur weil sie unangenehm sind.

Schwächen

- In Stresssituationen verliert er schnell den Überblick und verfängt sich in Detail-fragen, sieht nur noch das was für ihn nicht passt und seine unguten Gefühle verstärkt.
- Er neigt zu Übertreibungen, Schwarz-Weiß-Denken und starken Kontrastbildungen.
- Merkt oft nicht, dass er Ziele bildet, die nicht zu ihm selbst, seinen Bedürfnissen und Werten passen.
- Er kann aus Fehlern nur schwer lernen.

Empfehlung: Selbstberuhigung

- Für den ängstlich-überkritischen Typ ist es wichtig zu lernen wie er seine negativen Affekte dämpfen kann.
- Nur so kann es gelingen, Überblick über die gesammelten Erfahrungen, Handlungs-möglichkeiten, kreativen Einfälle und sinnstiftende Einsichten zu erlangen.

3.4. Der coole Pragmatiker A(-)

Allgemeine Beschreibung

- Der coole Pragmatiker ist überwiegend in einer ruhigen Stimmung. Auch in schwierigen Situationen bleibt er gelassen, scheint nicht zu erschüttern und es nichts scheint ihn aus der Ruhe zu bringen.
- Er hat stets einen guten Überblick und eine entsprechende Lösung parat, und verfügt über ein selbstbewusstes, unaufgeregtes Auftreten.

Verhalten an der Börse

- Der coole Pragmatiker neigt dazu, sich bei neuen Entwicklungen oder Meldungen zunächst einen ausgedehnten Überblick über die Handlungsmöglichkeiten zu verschaffen und greift dabei aktiv auf seinen Erfahrungsschatz zurück.
- Bei negativen Wirtschaftsmeldungen aus benachbarten EU-Ländern beispielweise handelt er sehr bewusst und bedacht und lässt sich nicht gleich in Handlungsdruck versetzen. Auch wenn er exklusive Insiderinformationen erhält, wägt er in Ruhe ab, inwiefern diese Meldungen mit seinen restlichen Erfahrungen und Kenntnissen übereinstimmen.
- Bei Bedrohungen kann er sich schnell selbst beruhigen und reagiert gelassen. Angesichts drohender negativer Entwicklungen an der Börse kann er sich trotz einer möglichen Gefahr gut selbst beruhigen und bewahrt sein Selbstvertrauen.
- Wenn die Kurse an der Börse stagnieren reagiert er eher abwartend und verschafft sich zunächst einen Überblick über seine bisherigen Erfahrungen mit solchen Situationen und über mögliche Handlungsoptionen.
- Bei steigenden Kursen fühlt er sich bestätigt, bleibt insgesamt aber dennoch gelassen und wartet die weitere Entwicklung ab.

Stärken

- Der coole Pragmatiker verfügt über die Fähigkeit der parallelen Verarbeitung und Berücksichtigung vieler verschiedener Einzelaspekte zugleich, die für komplexe Entscheidungen und kreatives Problemlösen relevant sein können.
- Dies ermöglicht ihm zum einen intellektuelle und kreative Höchstleistungen und zum anderen „robuste" Entscheidungen, da er auch bei lückenhafter Informationsgrundlage Muster erkennen und Annäherungslösungen erarbeiten kann.
- Er kann gut mit Stress umgehen, und negative Gefühle scheinbar rasch und nachhaltig bewältigen. Dies ermöglicht es ihm, bei der Umsetzung von Zielen oder in Drucksituationen stets den Überblick zu behalten.
- Vigilanz: Sein verstärkt aktiviertes Selbst überwacht (unbewusst) die aktuelle Situation hinsichtlich für ihn persönlich relevanter Informationen, die zu seinem Anliegen passen. Dieses Phänomen wirkt wie eine breite Wachsamkeit im Hintergrund, welche – auch wenn er bewusst mit ganz anderen Dingen beschäftigt ist – nach Aspekten sucht die seinen Erwartungen / Bedürfnissen entsprechen.

Schwächen

- Der coole Pragmatiker geht mit problematischen Situationen oft zu sorglos um. Dies zeigt sich in seiner Tendenz, Probleme abzuwiegeln, negative Ereignisse und Gefühle zu beschwichtigen oder wegzudiskutieren.
- Unangenehme Themen schiebt er von sich weg, anstatt sich damit auseinander zu setzen. Dies verhindert allerdings, dass er auch negative Lebenserfahrungen nachhaltig in sein Erfahrungsnetzwerk integriert und aus ihnen lernt.
- Dadurch hat er generelle Schwierigkeiten, alarmierende Situationen wahrzunehmen und angemessen auf sie zu reagieren.

Empfehlung: Selbstkonfrontation

- Wenn dieser Typ lernt, sensibler auf negative Stimmungen einzugehen, kann er manche Nachteile seines „coolen" Stils ausgleichen.
- Hierzu muss er die Fähigkeit entwickeln, inneren Überblick und Gelassenheit vorübergehend aufzugeben, um stattdessen gezielt und genau bestehende Fehler oder unangenehme Aspekte der Situation zu betrachten und ihre Ursachen zu analysieren. So kann er diese Erfahrungen langfristig in sein Erfahrungsnetzwerk integrieren, anstatt sie vorschnell zu verdrängen. Nur auf diese Weise kann er aus Fehlern wirklich lernen.
- Hierüber wird er auf Dauer sensibler für Warnzeichen werden und dadurch über ein besseres „Frühwarnsystem" verfügen.

3.5. Die optimale Balance

Ein flexibler und situativ angepasster Wechsel zwischen den Systemen erfordert die Fähigkeit, zwischen Affektlagen zu wechseln. Zwischen den psychischen Systemen und dem Gefühlshaushalt besteht eine starke Wechselwirkung: So wie die Aktivität eines bestimmten Systems die Affektlage beeinflusst, so beeinflusst auch die aktuelle Stimmungslage, welches System verstärkt aktiviert wird. Dies wiederum bestimmt die Art und Weise der Wahrnehmung, Informationsverarbeitung und Handlungssteuerung. In den meisten Fällen meldet sich das System ganz von selbst, das mit der aktuellen Situation am schnellsten oder besten umgehen kann. In vielen Situationen funktioniert der Wechsel aber nicht so einfach. Dann ist die Fähigkeit zur Selbstregulation erforderlich: Dazu gehört ein aktiver Umgang mit den eigenen Gefühlen, die Festlegung auf ein bestimmtes Gefühl aufzuheben, um das System zu aktivieren, welches für die Anforderungen der momentanen am besten geeignet ist. In Situationen, in welchen keine Fehler passieren dürfen ist es erforderlich analytisch und mit Verstand vorzugehen und sich verstärkt auf Unstimmigkeiten zu konzentrieren.

Wenn hingegen rasches Handeln erforderlich ist, muss man sich selbstbewusst auf sein Erfahrungswissen verlassen und schnell die intuitive Verhaltenssteuerung aktivieren können. Daneben muss die Parallelverarbeitung des Selbst (welches vor allem annähernde Wahrscheinlichkeitsurteile fällt) immer wieder auf Richtigkeit und Präzision geprüft werden.

4. Ausblick

Die Ergebnisse zeigen interessante Zusammenhänge zwischen demographischen, persönlichkeitsbedingten und neuropsychologischen Phänomenen auf, welche sich im Zusammenspiel signifikant auf das Verhalten einzelner Individuen an der Börse auswirken. Hieraus lassen sich beispielsweise Anregungen für eine optimierte, weil auf die individuellen Erfordernisse abgestimmte, Anlageberatung ableiten. Doch auch zur Analyse und Vorhersage des kollektiven Verhaltens an der Börse liefert diese Studie weitreichende Implikationen.

Anhand einer repräsentativen Bestimmung der Anteile der verschiedenen Persönlichkeitstypen an der Grundgesamtheit, in Verbindung mit aktuellen Analysen der vorherrschenden Grundstimmung (Affektlage) lassen sich anhand der Erkenntnisse zu den stimmungsabhängigen Reaktionsmechanismen der einzelnen Persönlichkeitstypen kurzfristige Entwicklungen an der Börse bestimmen und vorhersagen. Das Internet mit seinen vielfältigen Ausprägungen (Social Networks, Suchmaschinenanalysen) bietet hier bisher weitgehend ungeahnte Möglichkeiten.

Wollen Sie mehr über das Thema „Börsenpsychologie – Anlegertypologie" erfahren?

Dann stehen wir Ihnen gerne mit unseren Erfahrungen zur Verfügung.

Detaillierte Informationen können Sie anfordern bei:

K.O.M. Kommunikations- und Managementberatungs GmbH
Höhrenbergstraße 1
78476 Allensbach
Telefon: +49(0)7533 / 93 59 00
Telefax: +49(0)7533 / 93 59 29
E-Mail: info@kom-neun.de

Publikationen und Informationen

Die NEUNsight® ist das deutschlandweit das einzige Online-Fachmagazin für Wirtschaft, Psychologie und Politik.
Viel Freude beim Lesen der Artikel unter www.neunsight.de

NEUNsight®

Speednovation®
Innovationen meistern Krisen

58 Seiten, zahlreiche Abbildungen.
€ 12,95 [D] / € 12,95 [A]
ISBN: 978-3-9814133-0-4
Wortflamme Verlag Allensbach
Dezember 2010

Wollen auch Sie und Ihr Unternehmen innovativ an der Spitze Ihrer Branche stehen? Und neue Märkte erobern, in denen wenig Wettbewerb herrscht? Dann sollten Sie Ihr Innovationsmanagement strategisch ausrichten und mit Ihrer Unternehmensstrategie sinnvoll verbinden.
Der Grund für diese Empfehlung des Innovations-Experten Winfried Neun ist einfach: Nur den wenigsten Unternehmen gelingt es, echte Neuerungen erfolgreich und strategisch geplant zu implementieren. Dramatische Flopraten von über 90 Prozent aller Innovationsprojekte zeugen von dieser mangelnden Innovationsfähigkeit.
Wie Sie es besser machen und mit Innovationen sogar Krisen meistern zeigt Ihnen der Allensbacher Verhaltensökonom in seiner kompakten Publikation. Ein Muss für alle, die Innovationsmanagement professionell betreiben wollen.

Direkt zur Buchbestellung gelangen Sie
per E-Mail an info@wortflamme.de
oder unter diesem QR-Code:

„Warum es uns so schwerfällt, das Richtige zu tun"
Die Psychologie des Entscheidens, Loslassens und Veränderns

ca. 240 Seiten, Hardcover gebunden
€ 24,80
978-3-96051-940-9 (Paperback)
978-3-96051-941-6 (Hardcover)
978-3-96051-942-3 (e-Book)

tao.de in J. Kamphausen Mediengruppe GmbH,
Bielefeld
2017

Der psychologische Grund für dieses scheinbar „unlogische" Verhalten ist eigentlich ganz einfach: Wir werden nicht von Wahrnehmung, Erfahrungen und Erlerntem gesteuert, sondern davon, welche Eigenschaften uns dominieren. Also: Sind wir kreativ, enthusiastisch, perfektionistisch, ... ? Genau diese Eigenschaften beeinflussen unser Verhalten, die Art und Weise wie wir die Faktenlage bewerten und Entscheidungen treffen.

Im Klartext: Unser ach so freier Wille ist viel weniger frei als wir uns selbst zugestehen möchten. Wir glauben Studien, die das Papier nicht wert sind, auf das sie gedruckt sind. Wir folgen wie Lemminge (selbst ernannten) Experten, Managern, Politikern und konsumieren kritiklos die Meinungsmache der Medien.

Der Verhaltensökonom und Innovationsexperte Winfried Neun illustriert amüsant, in welcher Wechselwirkung Verhalten und Umwelt zueinander stehen. In einer inspirierenden Reise durch unsere Evolution, unsere Emotionen und unser Gehirn werden Sie erkennen, warum wir so anfällig und unzulänglich sind. Und: Sie erfahren, was Sie dagegen tun können.

Direkt zur Buchbestellung: www.tao.de

„ Nach dem Crash ist vor dem Crash"
Praktische Tipps, um aus Krisen zu lernen
und neue zu vermeiden

ca. 176 Seiten, gebunden
ca. € 32,95
ISBN 978-3-8349-3418-5

SpringerGabler Verlag
Springer Fachmedien Wiesbaden 2012

In der Weltwirtschaft beginnt eine neue Zeitrechnung. Ausgelöst durch Finanz-, Banken- und Schulden-Crash der EU-Staaten wird Europa zum Motor der Neuorientierung. Gleichzeitig wird die Psychologie immer mehr zum bestimmenden Faktor des Wirtschaftens. Ein Paradigmenwechsel zeichnet sich ab: weg von der unkontrollierten Profitgier hin zu Nachhaltigkeit und Werterhaltung.

Der Verhaltensökonom und Innovationscoach Winfried Neun beschreibt sehr eindrücklich die Hintergründe der letzten und der aktuellen Wirtschaftskrise. Auf Basis seiner Erfahrungen aus der Beratungspraxis zeigt er an Beispielen auf, warum insbesondere wirtschaftspsychologische Ansätze für die Entstehung von Krisen verantwortlich sind. Und er beantwortet die Frage: Was können wir im Gegenzug als Unternehmer, Arbeitgeber und Arbeitnehmer daraus lernen?

Ein Mut machendes, provokatives Buch für alle, die sich nicht länger als Spielball der Systeme treiben lassen, sondern den wirtschaftlichen Wandel aktiv in die Hand nehmen wollen. Auch in englischer Sprache verfügbar.

Der Inhalt
- Der Finanz-Crash aus ökonomischer und psychologischer Sicht
- Was wir aus Krisen lernen können
- Intelligentes Wachstum durch Querdenken und Innovation.
  Drei Regeln zur Krisenvermeidung

Direkt zur Buchbestellung gelangen Sie
per E-Mail an info@wortflamme.de
oder unter diesem QR-Code:

„Innovationen im Mittelstand erfolgreich managen"
25 Tipps für die praktische Umsetzung

ca. 217 Seiten, gebunden
ca. € 34,99
ISBN 978-3-8349-3106-5

SpringerGabler Verlag
Springer Fachmedien Wiesbaden 2014

Was ist bei Innovationen im Mittelstand zu beachten?
Winfried Neuns Anleitung für ein erfolgreiches Innovationsmanagement beantwortet diese Frage und gibt pointierte und erprobte Tipps für die Umsetzung. Die Bandbreite reicht vom klassischen Management in Veränderungsprozessen bis hin zu neuesten Erkenntnissen aus der Hirnforschung, die das Umsetzen von Innovationen beschleunigen.

Das Besondere des Buches: Alle Empfehlungen werden verhaltensökonomisch beleuchtet und an konkreten Unternehmensbeispielen veranschaulicht. Dadurch erhöht sich der Nutzwert des Buches für den Leser signifikant.

Empfehlenswert daher sowohl für Geschäftsführer und Leiter von F&E-Abteilungen als auch für Führungskräfte in Marketing und Vertrieb.

Der Inhalt

- Bilanzieren Sie Ihre Innovationskraft
- Überdenken Sie Ihre aktuelle Wachstumsphilosophie
- Nutzen Sie die Chancen der Innovationspsychologie
- Innovationen brauchen professionelle Führung
- Eine zielorientierte Innovationskultur entwickeln
- Innovationsfallen erkennen und eliminieren

Direkt zur Buchbestellung gelangen Sie
per E-Mail an info@wortflamme.de
oder unter diesem QR-Code:

„Mit Resilienz und Gelassenheit durch den Alltag“

1. Auflage (2017)
Paperback € 8,99
E-book € 4,99

Autor: Winfried Neun
Printed in Germany

Verlag: tao.de in J. Kamphausen Mediengruppe GmbH, Bielefeld,
www.tao.de, eMail: info@tao.de

Bibliografische Information der Deutschen Nationalbibliothek:
Die Deutsche Nationalbibliothek verzeichnet diese Publikation in der Deutschen Nationalbibliografie; detaillierte bibliografische Daten sind im Internet über http://dnb.d-nb.de abrufbar.

ISBN Paperback: 978-3-96051-938-6
ISBN e-Book: 978-3-96051-939-3

Zeitfracht Medien GmbH
Ferdinand-Jühlke-Straße 7
99095 Erfurt, Deutschland
produktsicherheit@kolibri360.de